Peter K. Kirchhof / Erich Traumann (Hrsg.)
und was ist das für ein Ort
Ein Lyrik-Lesebuch
mit 50 Bremer Autoren

Brockkamp Verlag

Ein Förderbeitrag für zeitgenössische Lyrik aus Bremen. Gestiftet zum 10jährigen Jubiläum des Brockkamp Verlages.

© Brockkamp Verlag Bremen 1984
Alle Rechte vorbehalten
Umschlaggestaltung und Layout: Peter K. Kirchhof

Printed in Germany
ISBN 3-922 496-85-7

Inhaltsverzeichnis

ein Aquarium aus Worten 11

Henning Behme
Wellen 13
Diese Puristen 14

Renate Schoof
Grenzen abschreiten... 15
Nachtgedanken... 16

Ruth Maria Giese
Im Gewebe der Zeit 17

Hartmut Lück
Eurydike 18

Siegfried Marquardt
Mir träumte 19
Danach 19

Elisabeth Bartling
Trunkener Silen 20

Angela Müller-Hennig
leben... 21

Gerd Maximović
Transmission nach Syragusa 22

Will Gmehling
In den großen Markthallen der Worte 25

Renate Ahling
Nächtliche Besucherinnen 26
Erfinderin 27

Helmut Hornig
Hoffentlich kein Dauerzustand 28
Hätte ich 29

Tonja Teutschebein
sprache 30

Detlef Michelers
Mein grauer Alltag 31

Michael Pohl
an der rückfront... 32

das Glück buchstabieren 33

Hubert Brill
Komm... 35

Elfi Hartenstein
Mutmaßung 36

Jutta-Irene Grotefend
Kriegs-Erklärung für Enkelkinder 37
Walzer 38

Michael Augustin
vor dem fenster... 39
komm... 40
ein kleines stück nur... 41

Konstanze Radziwill
Jojo 42
Abschied 43

Barbara Alms
Sappho 44

Annette Grüschow
Erwachen 46

Hans Kruppa
Auskunft 47
Fragwürdige Liebe 47

Fikre Tolossa
Meiner ersten Liebe 48
Ein Sandkorn und ein Berg 49

Isolde Loock
Mitten 50
Bereit 51

Ulrike Kleinert
Trennung 52

Reinhard Patemann
Liebe 53
Goldne Stadt stille Stadt... 54

Ingo Mose
Erinnerungen 55
Anschlag 56

Gerhard Ochs
Körperausschlag Abend... 57

Peter K. Kirchhof
ich weiß nicht was soll es bedeuten 58
ruhig nur ruhig 59

Inge Buck
Lebensgeschichte 60

Johann P. Tammen
Bruder hilf 62
Das Glück buchstabieren 63
Abtrünnig 64

Otmar Leist
Freund Tod, Feind Tod 65
Fundstück 66
Für dich 67

Rüdiger Kremer
Ballade von der Bewegungslosigkeit 68

und was ist das für ein Ort 73

Sabine Henkel
Momente 75

Ursel Habermann
Polnischer Winter 76

Josef Guter
Mahnung 77

Hajo Antpöhler
Eine Erinnerung an Brügge 78

An den Gasthöfen... 80
Gründonnerstag achtzehn Uhr dreißig 82

Klaus Thies
Ebene weit und breit ein e nach dem andern... .. 83

Karl-Heinz Witte
Erleichtert 84
snap-shot 84

Gustav Sichelschmidt
Im Hafen 85

Johann-Günther König
Im Watt 86
Leuchtfeuer 86
Am Morgen 87

Helmut Lamprecht
Kein Schiff kann kommen 88
Der Sommer ist hin, und ich habe... 89
Der Diener Lampe 90

Inge Backhaus
Bild von oben 91

Antje Diewerge
Bretagne 92

Alban Nikolai Herbst
Paris 1 – 3 93
Braunschweig 95

Gotthart Kuppel
Dorfleben 4 96

Hanns Menninger
Nicht geschützt 98
Am Ende dieser Straße 99

Christián Cortés
die stadt in der ich meine verbannung lebe 100
bremen beim tagesanbruch 103

Ulla Hahn
Schöne Landschaft 104
Im Museum 104
Nicht die Liebenden 105

Gerald Sammet
Brema Domestica 106
Wiedersehen in Falun 107

Nachbemerkungen 109
Autorenverzeichnis 113
Die Herausgeber 119
Quellenverzeichnis 120

ein Aquarium aus Worten

Henning Behme

Wellen

Von beiden Seiten ein Schnee
Ball Musik, Hämmern
der Bässe, Rauch, der
in die Augen zieht. Ein Blick
ins Regal

Sehen, Entregelung
der Sinne, alles andere
wegfegen. Schluß
mit Einigungsversuchen
In Überschriften

scheinbar Erklärungen
zu jedem
Gedicht. Ich eigne dir
und mir jedes
einzelne zu.

Das kalte Licht
die kalte Stimme:
Der Zug kommt
später, ein Unglück
durch eine Schneelawine.

Henning Behme

Diese Puristen

Der Stift gehorcht den Gedanken
nicht. Immer
wieder entstehen schiefe Bilder,
falsche Perspektiven.

Zerrbilder beabsichtigter
Schönheit und Exaktheit.
Das Gehirn fällt als Metapher aus
dem dritten Stock: Entsetzen

in den Augen. Überzeichnung wichtiger
Teile mit vorsichtigen Strichen.
Einen Groschen für den
selbstverschuldet arbeitslosen

Orgelspieler vor dem Kaufhaus.
Oder anders: der Radiergummi-
verschleiß, und stehenbleiben und
neue Skizzen alter Bilder.

Renate Schoof

Grenzen abschreiten:
den Zaun um uns
den Zaun zwischen uns
den Zaun
    durch uns hindurch

die unbegrenzten Gefühle
füllen den Raum bis zum Mond
das stört nicht

wir deuten die Träume nicht
und nicht den Fall der Sterne
wir deuten nicht die Tränen
nicht das Kommen und Wegbleiben
    nicht die Wörter

Tapfer lächelnd sind
wir
    Zaunkönige

Renate Schoof

Nachtgedanken
halten vor dem Tag
nicht stand

zieh deinen Träumen
Regenmäntel an

Ruth Maria Giese

Im Gewebe der Zeit

Ich baue mir ein
Aquarium
aus Worten

durch sie hindurch
huschen
blaugeschwänzte Schleierfische

Die Gierigen sind nicht
zu bändigen
sie fressen
ihr Haus

mit zitternden Kiemen
verschlucken sie
ein Wort – alle Worte –

Perlende Blasen
steigen vom Boden
und bersten.

Hartmut Lück

Eurydike

Dunkelherz
muschelgrün
traumbelebt
das Schloß der Gedanken
Quer zerscherbt
Ein Schnitt
der ins Nichts führt
Muschelherbst
in der gleißenden Kälte
Geblendet das Auge
verwaist meine Hand
Deine Schulter umarmt
von der sickernden Spur

Siegfried Marquardt

Mir träumte

mir träumte
ich sähe
unter dem
strahlenden Antlitz der Sonne
einen Berg
und im Schatten des Berges
einen Baum
und im Schatten des Baumes
einen See
und in den Tiefen des Sees
einen Fisch
und in der Seele des Fisches
einen Traum

Siegfried Marquardt

Danach

Schwarz steht
das Wasser und schwer

Die Fische haben
weiße Bäuche

Ich springe
von einem zum andern

Über mir
singt kein Vogel

Elisabeth Bartling

Trunkener Silen

Als der Sommerregen
Eine Tropfenorgie feierte
Habe ich von deiner
Weichen Fülle genascht
Trunkener Silen
Mich auf königsblau
Davongeträumt – wiegend
Wie im Tanz die Bajadere
Und Rubens
Hat mir zugeschaut.

Angela Müller-Hennig

leben
der unberechenbare traum

ich folg dir
bis zum ufer
an dem der eisvogel
singt

heute seh ich
das umrankte licht
morgen wird
verwandelt sein.

Gerd Maximovič

Transmission nach Syragusa

Gleitend und schwingend treten sie ein.
Transmission nach Syragusa.
Gestern hatte ich einen Traum ...
Hoffnung in ihren Herzen.
Letzte Nacht ging ein Gewitter nieder.
Drückende Hitze.
Der heiße Wind stand in den Straßen.
„Wie lange wird es dauern? ..."
Kokomben.
Energiefäden spinnen an Mustern.
Aus einem Winkel dringt schläfrige Musik.
Sie wehen an ihre Plätze.
Gesichter starren hinter Scheiben.
Techniker schwitzen.
Blitze erhellen die Nacht.
Langer Donner rollte.
„Marge ..."
Techniker starren und schwitzen.
„Ich hatte einen Traum ..."
Schrilles Lachen.
Kokomben.
Transmission nach Syragusa.
„Sie wartet auf mich ..."
„Ich habe ihm versprochen ..."
Sie haben feuchte Augen.
Lichtfinger tasten über die Tränen.
Jazzmusik löst ab.
Gedämpfter Rhythmus.
Verlorensein.
„Ich habe selbst in der Band gespielt ..."
Leise Fiebrigkeit.

Bange Gesichter.
Die Gesichter der Techniker sind verschwunden.
Sie suchten sich Plätze.
„Wie es wohl draußen aussieht? . . ."
Die Gesichter verschwimmen.
„Sie . . ."
„Wie hießen sie? . . ."
„Marge . . ."
„Oh nein, das bin ich . . ."
„Marge . . ."
„Ich . . ."
Sie verschwimmen.
„Spielten Sie nicht in einer Band? . . ."
„Ich selbst . . ."
„Ich . . ."
„Ich hatte einen Traum . . ."
„Gestern ging ein Gewitter nieder . . ."
Fäden, die sich dehnen,
die sich kreuzen,
sich verschlingen,
zu einem Knoten sich verweben.
„Ich bin Marge . . ."
„Und ich . . ."
„Und ich . . ."
Wo sind die Techniker?
Sie hatten ihm versprochen.
Sie wartet auf sie.
Marge . . . ?
Der heiße Wind stand in den Straßen.
Letzte Nacht ging ein Gewitter nieder.
„Wie es wohl draußen aussieht? . . ."
„Gestern hatte ich einen Traum . . ."
Sie suchten sich Plätze.
„Gestern . . ."

Transmission der Töne.
Ist es Tag oder Nacht?
Ist es heiß oder kalt?
„Marge . . ."
Gesichter starren hinter Scheiben.
Techniker schwitzen.
„Ich bin Marge . . ."
„Sie wartet auf mich . . ."
Hoffnung in ihren Herzen.
„Gestern hatte ich einen Traum . . . "

Transmission nach Syragusa.

Will Gmehling

In den großen Markthallen der Worte,

wo der Schmerz
zu Höchstpreisen gehandelt wird,
drei Münzen das Herz
achtzehn die Traube,
steht dein kaum getrockneter Stumpf.

In den großen Markthallen der Worte
setzt Du ein Zeichen
aller Flüge, aller Stürze,
aller Kraft.

In den großen Markthallen der Worte
zittert die Flamme,
die Feuer atmen schwach.

Markthalle der Worte: *Du*
wirfst den Schatten.

Renate Ahling

Nächtliche Besucherinnen
für Helga Clauss

Nicht einmal im Schlaf wollte ich
   schlafen, wie wir im Wachen schliefen:
So seltsam an uns vorbei,
   inmitten unseres Schmucks, unserer Kochlöffel,
Kinder und Lieben,
   immer umsorgend, damit man uns behütet,
bis die Wände Klammerarme ausstrecken,
   uns festhalten zwischen verschlossenen Türen,
nur unsere Wünsche sperrangelweit.
   Und jeden Tag müssen wir uns von Neuem
beweisen, daß wir das Haus noch verlassen
   oder freiwillig drinnen bleiben können.
Schlafwandelnde Hüterinnen eines Reiches,
   das von schlechtem Gewissen
bakterienfrei und porentief rein gehalten,
   und beleuchtet wird vom eisigen
Polarstern unseres Werbelächelns?
   Doch jetzt kommt ihr alle zugleich
in der freundlichen Nacht,
   mit euren wachen, suchenden Augen,
zu einer, die Fragen liebt,
   und zuweilen vorschnell antwortet.
Ihr kommt, behangen mit Kindern, Ketten,
   mit Eile: Nur ein Stündchen,
einen Augenblick nur. Ihr kommt, Taschen
   unter den Arm geklemmt, Stricknadeln,
Malblock ... Die Wolle unserer Träume ribbelt auf,
   Bilder springen dem Bleistift entgegen,
Stethoskop erhorcht die Gefühle,

Gefühle, immer zu stark für den Augenblick,
in dem sie sich ausleben wollen,
Augenblick: fließend Gesichter, Ideen, Welt:
und die Illusion, daß WIR sie gestalten werden.
Was soll ich tun, wenn Ihr geht?
Ich öffne mein Skizzenbuch in der Nacht,
und wieder mein Herz, damit die Worte nicht
zunichte machen: Hoffnung, die sie berühren.

Renate Ahling

Erfinderin

Erfunden hab ich dich,
als jeder Zug
ohne mich fuhr?

Erfand ich dich, erfand ich
auch die Berge, den Veltliner,
die Donaubrücken, deine Freunde,

muß Wald und Bach erfunden haben,
das Mohnfeld und den Fahrtwind,
deine Frage: Wer schreibt zuerst?

Helmut Hornig

Hoffentlich kein Dauerzustand

Ich habe mir das Schweigen angewöhnt
es schweigt sich gut in diesen Zeiten
der Winter hält sich an den Kalender
manchmal träume ich
es hätte sich ein großes schwarzes Wolkenfeld
über dieses Land gelegt
zäh wie heißer flüssiger Teer
und eine bunte Schar unverbesserlicher Weltverbesserer
ist dabei
mühsam den Teer
der immer härter zu werden droht
mit winzig kleinen goldenen Löffelchen beiseite zu
                                                  schaufeln
aber solches träume ich nur ganz selten
und wenn
dann verliere ich mich in diesen Träumereien
sie lösen sich auf
mirnichtsdirnichts wie Nebelschwaden

Helmut Hornig

Hätte ich

Ich hätte es bestimmt gekonnt
mit spielerischer Disziplin
dem Schabernack ein Bein zu stellen
wär mir ein leichtes wohl gewesen
im seichten Tümpel deutscher Wendezeit
mit klarem Kopf zu überleben
ein Wunsch vielleicht
wenn auch von Winden arg lädiert
ich hätte es probiert
nun ist es aber doch zu spät
das Grab schon ausgehoben
zum ersten Male bin ich unten
und andere stehen oben

Tonja Teutschebein

sprache

manchmal
möchte ich worte haben
um zu sagen
was nicht gesagt werden kann
und nicht in worten lebt

manchmal möchte ich
gedanken lesen können
um zu sehen
wie weit sie von den worten
entfernt sind

manchmal
möchte ich die worte nicht mehr hören
die mißverstanden
oder als waffe
eingesetzt sind
wie das wort frieden
und liebe

und die sprachlosigkeit
eines staunenden kindes
wieder erlangen

Detlef Michelers

Mein grauer Alltag

Letzte Nacht
fraß ich
einen Dichter,
der hinter seinem Schreibtisch
– gestopft mit Lyrik –
greinte.
So rutschte ich
– noch kauend –
auf den II. Platz
bei der Vergabe
eines Dichterpreises.
Gesättigt und gewürdigt
hielt ich
die Dankesrede.
Polkte hinter vorgehaltener Hand
mir aus den Zähnen
die Zehennägel
des Kollegen.
Die Kraft des Wortes
überlebt:
lobt anderntags
die Presse weise.
Ich blättre
mit Bedacht
im Buch der Preise.

Michael Pohl

an der rückfront
meiner gedanken
werden
die illusionen
standrechtlich
erschossen
und neben
den hoffnungen
aufgebahrt

das Glück buchstabieren

Hubert Brill

Komm
Märchen erzählen
Kleeblätter suchen
Komm mit kleinen Steinchen spielen
Komm auf eine weite Wiese

Bleib
Bleib ein Weilchen
Selber Kind
Bleib unbekümmertes Lachen
Bleib „Du" mit offenen Augen

Und vergesse
Leben
Mit „aber" zu multiplizieren

Elfi Hartenstein

Mutmassung

Vielleicht ist es zu kalt gewesen heute Nacht
es liegen Blumenblätter auf dem Fenstersims
wie Tränen, sag
fühlst du es auch:
die vierte Jahreszeit hat uns erreicht.
Was jetzt von außen strahlt
ist Trug und Schein.

Vielleicht ist es zu kalt gewesen heute Nacht
es schwirren unsre Worte durch den Raum
mit Frostgeklirr
hörst du es auch:
die leeren Bäume beugen sich vor Gram.
Was gestern bunt und weich
ist heute starr.

Vielleicht ist es zu kalt gewesen heute Nacht
du stehst vor mir und ich erkenn dich nicht
wir sind uns fern
weißt du jetzt auch:
Beginn und Abschied fallen oft in eins.
Was uns verändert hat
mußte wohl sein.

Jutta-Irene Grotefend

Kriegs-Erklärung für Enkelkinder

Wenn sie vom
„Krieg"
erzählten
war die Rede von
„Schützengräben".
Ihre
„Kameraden"
waren
„auf dem Feld geblieben"
und hießen nun
„Gefallene".
Sie aber hatten
„Glück"
gehabt.
Während wir
auf dem
„gesunden Knie"
reiten durften
brauchten sie einen Stock
für das andere.
Ob der sie wohl davor beschützt hatte
in diese „Gräben" zu „fallen"
fragten wir uns
und fanden
daß es eigentlich
spannend sein müßte
darin zu spielen.

Jutta-Irene Grotefend

Walzer

Schon ist sie da und nimmt
ohne zu zögern gleich
von mir Besitz und dann
bläst sie die Fragen hin-
weg, unterwirft meine
Logik dem eigenen
Rhythmus und schwingt sie in
heitere Bahnen, zer-
streut sie in alle vier
Winde, zerschmettert den
Kompaß und pfeift sich eins:
Deine Musik!

Michael Augustin

vor dem fenster
schaukeln lampen
am elektrodraht

der gelbe vorhang
weht im zugwind

durch meine träume
klackt dein schritt
auf hohen schwarzen hacken

deine hände wispern
schmal und blond
in meinem haar
das wächst

eingeschnürt vom schlaf
gefesselt lieg ich tot
im schnee der nacht
und ahne
in den frühen straßenbahnen
zwischen den gesichtern

deines

Michael Augustin

komm
zieh dich aus
und lass uns
eine flasche

lass uns
eine flasche wein

und gib mir
deine hand

den kopf
den leg mir auf
den nackten bauch

wir wollen zusehn
und genießen

zusehn wolln wir
und genießen

wie sie untergeht
ganz fern
am horizont

die welt

Michael Augustin

ein kleines stück nur
nur ein kleines stück
von dem was war

herausgelöst
zurückgelegt
für jetzt
wo nichts mehr ist

ein kleines stück
es wäre mehr
als jemals war

Konstanze Radziwill

Jojo

Du spielst mich
wie ein Instrument mit vielen Tönen,
mir selber alt und unbekannt,
vertraut und neu
und außer Rand und Band,
am Himmel der Johannisbärennacht.
Wo der Holunder blüht
und Hitze lacht.

Und weiß doch,
daß das große Lied
nur eine kleine
Zukunft haben mag.

Weil du und ich
im duftend tiefen Gras,
im Sommerwind,
vom warmen Regen,
auf der Erde dampfend, naß,
umarmt von Weltgeschichte
unserm Wissen
Fremde sind und bleiben müssen.

Doch weiß ich auch,
durch deine guten Taten,
daß ich es gar nicht mag,
auf dich zu warten.

Konstanze Radziwill

Abschied

Wie leicht der tödliche Abschied
Am Bahnhof
Wind im Gebüsch
Ein Zug zwölf Uhr mittags

Die Sonne schien
Mir war übel
Anschließend
fuhren wir zu Plaza einkaufen

Barbara Alms

Sappho
II

Die einen sagen: eine Truppe von Reitern,
andre wieder: Fußvolk oder eine Flotte von Schiffen
sei auf der dunklen Erde das Schönste – ich aber sage:
das, was ein jeder lieb hat –

dich Sappho dunkler Haut dich
erkenn ich zu sprechen
fast unsichtbar in der Welt der Männer
sichtbar den Kopf zu heben
gegen das ihnen Glänzendste: die Krieger
herrschen

gab dir die Liebe
die Kraft
so leuchtend
zu sprechen mit sanfter Stimme
daß ich dich hör über
Jahrtausende dich seh
im abgemessenen Hain der Hera
so laut
zu lieben
die Kraft
gab dir dein Sprechen

erglüht
im Zwiespalt der dunklen Erde

VI

Hinabgetaucht ist der Mond und
mit ihm die Pleiaden, Mitte
   es zögert die Hand was dein ist
   in mir doch lebend verdorben

   das Schreiben über die Sterne
   ein Ort von Siegern – Kriege
der Nächte, vergeht die Stunde;
doch ich liege allein.

Annette Grüschow

Erwachen

Das Reich der Zwischentöne
fliegt hervor –
streift dich
mit dunkelleichten Irrlichtern,
hülsig-zart,
gleich den Samenkapseln
des Regenbogens.

Und wenn du losläßt,
fällt die Welt in dich,
und du bist nichts
als Membran.

Hans Kruppa

Auskunft

Danke,
es geht mir,
wie es kommen mußte.
Ich habe nichts mehr
unter Kontrolle,
bin meine eigne
Überraschung
und belasse alles
beim Neuen.

Hans Kruppa

Fragwürdige Liebe

Ich liebe
Blumen,
sagte sie
und entriß
mit einem Lächeln
eine Anemone
ihren Wurzeln.

Fikre Tolossa

Meiner ersten Liebe

Oh, wie schnell bist du gealtert!
Oh, wie schnell hat sich alles verändert!
Wann hast du so viele Kinder geboren?

Oh, mein Liebes, warst nicht du es, die in der
                                            Dämmerung
aufstieß das Tor zu meinem Herzen,
als ich zum ersten Male übte das Alpha der Liebe?
Warst nicht du es, die zum ersten Male hauchte
weiblichen Atem auf meine Lippen?

Zusammen begannen wir, hell zu brennen,
aber wie kommt es, daß du als Erste verlöschst?

Und wirklich, die Zeit ist eine Flut,
die uns wiegt und uns einlullt
uns fallenläßt
und hinwegträgt
einem unbekannten Ziel entgegen.

Ich prüfe dein Gesicht durch meine Gläser
und denke, du siehst älter aus als ich,
aber, wenn du mein Gesicht prüfst,
durch deine Gläser,
wer weiß, was du siehst?

Fikre Tolossa

Ein Sandkorn und ein Berg

Nicht zu fallen
in den Abgrund des Irrtums,
denkend du bist
so groß wie ein Berg,
geh' aus dir heraus
und denke, du seiest
so klein wie ein Sandkorn.

Nicht zu verlieren
die Hoffnung,
denkend du bist
so klein wie ein Sandkorn,
geh' tief in dich selbst
und denke, du seiest
so groß wie ein Berg.

Isolde Loock

Mitten

Herumtreiben
mit ihr.
Nur keine Zugeständnisse.
Von außen
an die Dinge
herankommen.
Ohne einander nichts.
Nichts miteinander.
Auch im Fallobst
einen Wink des
Himmels sehen.
Voran
geht die Natur.
Zwangsläufig.
Ich und die Angst
im Gleichschritt.

Isolde Loock

Bereit

Wir tasten unser Fleisch ab
Wo sitzt der Stachel
Wo liegt die Lust
begraben
Wir retten unsere Haut
Jeder weiß das
vom anderen
Wir setzen uns an einen Tisch
Es lohnt zu verhandeln
Auf welche Weise
Wir miteinander
Untergehen

Ulrike Kleinert

Trennung

Dieser Tag
ergießt sich in meine Gedanken,
dem Himmel sei Dank
für seine Tränen,
die zwei Bäche
auf meinem Kopfkissen
sind nichts gegen die Sturzflut
vorm Fenster.
Wie ich darin schwimme
weg von dir,
Liebster, du
tief unter den Wellen

Auftauchen wär 'n prima Anfang.

Reinhard Patemann
Liebe

Flamme und Metamorphose
Tiegel von Ich und Du
Asche und Herbstzeitlose
wehn ihrem Ende zu,

Klage im kleinen Sterben
Lust und Verlorensein
flirrende Fäden sie färben
weißgold verwelkenden Wein.

Reinhard Patemann

Goldne Stadt   stille Stadt
sind Erinnerung
weißes Blatt   welkes Blatt
war ich jemals jung?

Wege nah   Wege weit
unsichtbares Glück
späte Zeit   frühe Zeit
und das gleiche Stück

Liebe heiß   Liebe kühl
ohne Unterschied
Sehnen viel   Säumen viel
und die Welt verblüht

Rose weiß   Rose rot
wehten durch den Sinn
heute tot   morgen tot
weiß nicht was ich bin.

Ingo Mose

Erinnerungen

Nur
Apfelblütenberge,
Mädchenhaar,
Tagträumereien,
geliebtes Weinrot,
kleine Lorbeerblätter,
Kerne reifer Oliven
will ich ins Tagebuch kleben . . .

Aber
leergebliebene Seiten
belügen mich auch.

Ingo Mose

Anschlag

Die Landschaft
trägt Wunden
im Gesicht,
schwarzgrau
mit zerrissenen Rändern
und tiefen Löchern
wie Mondkrater.
Ächzend läßt sie
den Schmerz
über sich ergehen.

Ihr wird
eine Straße
durch die Haut geschnitten.

Gerhard Ochs

Körperausschlag Abend
verheerend frei

bei Trost ist keiner der
dir seinen Glauben gibt

die Wahrheit zu sagen
du kleine Hure

deine Blicke glänzen
wie Junikirschen

und um die Beuge deiner
Achseln genauer zu sehen
ersteigen Sänger Lieder

aber jedesmal wenn wieder
ruchbar geworden ist
wer du bist

nimmt dich einer bei
deinen Lügen und

dann liegst du am Boden
blöd verbogen ist dein
unwahrscheinlich weißer
Leib zergliedert in
Kälte und Starre

wie erlöst
himmlisches Luder

Peter K. Kirchhof
ich weiß nicht was soll es bedeuten

wir haben zucker auf dicke milch gestreut
früher und einmal
die nägel geschnitten
glaubte ich
nun wäre es getan
doch die geschichte ging weiter
im wüten des vaters
brot war uns heilig
aber suppe
wieder aufgewärmt
enthielt ein haar
loreley

Peter K. Kirchhof

ruhig nur ruhig

keine träne zuviel
wir lernen fürs leben
ich weiß nicht mehr was
läßt muskeln spielen
in abgetragenen hosen
der opapas
eiszapfen sammeln
und oblaten des glücks
ruhig nur ruhig
buchstabieren wir
die angst zum gesetz
was lindert den schmerz
im glanz der medaillen
mein fuß
in der tür
will kein vertreter mehr sein
zwischen den stühlen

Inge Buck

Lebensgeschichte
(Für Käthe Popall*)

Sie zeigt mir
ihren Garten
sie verrät mir
die wunderbaren
Heilwirkungen
der Brennessel
und des Johanniskrauts

Sie erzählt mir
ihre Lebensgeschichte
zehn Jahre
in den Zuchthäusern
der Gewaltherrschaft
aber sie verrät mir
nichts
über ihre Selbstgespräche
in der Einzelhaft

Nichts
über ihre Sehnsucht
als die Drossel
vor ihrem Zellenfenster
sang
zehn Frühlinge lang
alter Wandervogel

Ich habe ein Foto
von ihr gesehen
aus den 20iger Jahren
eine schöne Frau
mit unbestechlichen Augen
ich spreche
mit einer alten Frau
mit müden Augen
und ich höre
ihre unbestechliche Stimme
wenn sie die Kriegsvorbereitungen
heute benennt

(* verstorben am 23. 5. 1984)

Johann P. Tammen

Bruder hilf

Wie willst du's ruhig stellen
das Messer das warme das rumorende
Blut das kalte Eisen
die Ätzung das Gas

wie den Leichenberg trennen
von der Schleifspur im Graben
denn mein Schatz
denn mein Schatz
Bruder sag

willst du das Weinen verlernen
dich vermehren im Trost
handlicher Gefühle
hirnlappenwinzig
vermoost
unterm Eis treiben
lächelnd verblöden

wann aus dem Kreis treten
den Fuß schon im Grabe
und nicht untergehn
und nicht untergehn
Bruder sag

wie willst du's uns anvertrauen
das Alphabet das Ach das Weh splitterndes
Gewebe das Quellwasser
im Tal das Spiegelglas

stumpf und Stiel.

Johann P. Tammen

Das Glück buchstabieren

Komm hilf mir: wir räumen
den Staub aus den Büchern und erfinden
es neu für immer neu:
das mühselig buchstabierte
Glück

fragen wer das Pulver verschoß
und zu welchem Zweck
fragen wer das Fangeisen schmiedete
und zu welchem Zweck
fragen wer das Streckbett anwandte
und zu welchem Zweck
fragen wer die Tellermine montierte
und zu welchem Zweck
fragen wer die Bombe ersann
und zu welchem Zweck
fragen wer das Gas einströmen ließ
und zu wessen Vernichtung

fragen wer die Wörter zertrat
die das Leben formten
die dem Kind dem Mann und der Frau
dem Baum und dem Fisch
den Namen gaben

Komm hilf mir: *denn wir müssen jetzt endlich*
unsere Rettung erfinden wo wir doch
im Erfinden unseres Untergangs
immer so einfallsreich
waren.

Johann P. Tammen

Abtrünnig

Richtet sich auf mannshoch   räumt
die Frisur zurecht   roh kanzelt er ab
was ihn erkennt   Berserker
sollte er heißen und erinnern
mag er sich nicht wie er Purzel
bäume schoß kopfüber ins Unterholz

später blieb ihm noch lange verborgen
was mühlos ihn über den Berg brachte
und den Weg ins Dorf hat er vergessen

achtsam und hakenschlagend vorwärts
zurück   verharrend   beharrend
so kommt er am Ende dann doch
bei sich an.

Otmar Leist

Freund Tod, Feind Tod

Das Sterben, das sich sammelt
in den Winkeln meiner Organe,
um langsam voranzuschreiten –
bei allem Unbehagen:
da bin ich milde gestimmt;
ich behalte es im Auge,
ich störe es nicht.

Für diesen Tod, mag sein,
werde ich einmal brauchen
das Messer der Chirurgen,
das ihm auf die Finger klopft,
wenn er über seine Grenze
vorschnell einen Fühler streckt;
aber
ich habe gelebt,
und noch
läßt er mich leben.

Der andere Tod,
im Tiegel der Chemiekonzerne
als Kampfstoff zusammengebraut –
schon heute soll er vergiften
das Hirn ihrer Handlanger,
schon morgen kann er stieben
aus ihren Sprühtanks,
den Lebenden
nicht einmal
ihr eigenes Sterben zu gönnen.

Da kenn ich keine Milde;
blitzartig fällt von mir
Müdigkeit, Schwäche, Atemnot.
Du weißt auch warum:

ich muß verteidigen,
was ich liebe.

Otmar Leist

Fundstück

Deine befreiten Zehen,
die sich am Strande spreizten,
seine gelben Krümel,
ein Häufchen nach dem anderen,
wie mit einer Zuckerzange
ohne Absicht aufnahmen
und wieder verstreuten . . .

Vom goldenen Sommer
hat ein Stäubchen überwintert
in meiner Hosentasche:
zwischen den Fingerkuppen,
wie mit einer Pinzette,
halt ich ein geschliffenes,
blondes Sandkorn.

Otmar Leist

Für dich

Aus dem Laub dieses Oktobers
fiel uns ein Blatt zu.

Eine abwärts tropfende Träne
deiner Einsamkeit, meiner.

Eine aufwärts tastende Flamme
unseres Zwiegespräches.

Rüdiger Kremer

Ballade von der Bewegungslosigkeit

und im einschlafen
sind plötzlich die vielen jahre
wie nicht gewesen
heute
wie damals
wenn es mir vorkam
als hätten jetzt endlich
alle bewegungen aufgehört

mein vater sässe in seinem zimmer
unter den bildern von hebbel und wagner
still und regungslos
über die aufsatzhefte gebeugt
und meine mutter
sei in der küche erstarrt
die hände im kühler werdenden spülwasser
und morgen früh erst
wenn ich erwachte
würden auch sie sich wieder bewegen
als sei nichts gewesen

ich stellte mir meine spielkameraden vor
meinen lehrer beck mit seiner geige
den hund unseres nachbarn
in ihrer erstarrung
und es schien mir ganz natürlich zu sein
dass nichts sich rege
ohne mein zutun
und dass es keine bewegungen gäbe
ausserhalb meiner augen

gut
es wäre vorstellbar gewesen
dass mein vater
mit seinem roten füllfederhalter geschrieben hätte
seine hand gehoben
um eine seite umzublättern
dass meine mutter
ihr spültuch ausgewrungen hätte
um sich mit dem handrücken
über die stirn zu fahren
die haare zurückzustreichen und
dass der hund sich reckte
der lehrer beck auf seiner geige spielte
ist ein mann in brunn gefallen
aber es ergab keinen sinn

ich erinnere mich
das märchen vom dornröschen
ist mir niemals nur
ganz märchenhaft erschienen

manchmal hatte ich angst
selbst bewegungsunfähig zu werden
dann spreizte ich meine finger
drehte den kopf
hin und her im kissen
klappte die augenlider
auf
und wieder zu
und die sinnlosigkeit
dieser kleinen bewegungen
schien mir die richtigkeit meiner vermutung zu beweisen
dass alle abläufe
nur auf mich selbst gerichtet seien
selbst die unauffälligsten

so erfand ich geschichten und bilder
in denen sich die verkrampftesten erstarrungen
abwechselten
mit den absurdesten bewegungen

einmal überkam mich das seltsame gefühl
am hellichten tag
meine mutter hatte mich heftig geschlagen
und entsetzt
über das blut
das mir aus der nase floss
hatte sie meinen kopf
rückwärts geneigt
in ihren schoss gelegt

als ich dann
aufgehört hatte zu bluten
zog sie mich aus
und trug mich
ins schlafzimmer meiner eltern
sie legte mich in das bett meines vaters
ich sollte ein bisschen schlafen
sagte sie und schloss ganz leise die tür
augenblicklich
erstarrte die welt

an der wand
hing das bild
der himmelfahrenden madonna
umgeben von putten und wolkentürmen
so sehr ich mir auch vorzustellen versuchte
dass ihr faltenreiches gewand
sich bausche im wind
die gegen den himmel gereckte hand

einen großen kreis beschriebe
die putten von ihren wolkenbänken purzelten
alles blieb wie es war
unsinnig starr

ich rief nach meiner mutter
entsetzt
kam sie ins zimmer gestürzt
und fragte mich
warum ich nach ihr geschrien hätte
ich konnte es nicht erklären
(wie hätte ich es erklären sollen)

später erst
fiel mir ein
dass es falsch gewesen war
nach ihr zu rufen
ich hätte mich aus dem bett schleichen müssen
quer durch das zimmer gehen
und lautlos durch die tür
über den flur in die küche
um sie dort
und sei es auch nur für den bruchteil einer sekunde
in ihrer bewegungslosigkeit
zu ertappen

heute
wie damals
stelle ich mir
mit geschlossenen augen
bewegungslose stille vor
strassen und plätze
wie auf ansichtskarten

und alle abläufe und geräusche
bestimme ich selbst

doch dann springt die katze vom sessel
und geht auf mich zu

und was ist das für ein Ort

Sabine Henkel
Momente

In Erinnerung blieb
die gepflasterte Straße
in der sich heute
die Spur der Hunde verliert,
das wechselnde Licht
durch den Buchenwald,
der eisige Wind
auf dem leeren Appellplatz
und dann – der Blick
auf das sonnenbeschienene Dorf,
gerastert.
Momente, die nachhaltiger sind.

Ursel Habermann

Polnischer Winter

Wer weiß noch was
in einer Zeit,
da Jäger geduldig
das Rotwild im Schnee
mit Luzerne füttern,
um beim Abschuß später
nicht magere Böcke zu häuten . . .

Josef Guter

Mahnung
(Nachdichtung aus dem Schi-King, 1050 – 700 v. Chr.)

Dornrüster ragen am Hang
Und Ulmen auf den Bergwiesen.
Wenn du Gewänder hast und Kleider,
Was soll's, wenn du sie nicht trägst.
Wenn du Wagen hast und Pferde,
Was soll's, wenn du nicht fährst;
Wenn du sitzenbleibst,
Bis der Tod dich anspringt,
Fährt ein anderer
In deinem Gewand aus dem Tor.

Wacholder wächst oben am Grat,
Im Schlag weiter unten die Esche.
Hast du einen Palast mit vielen Kammern,
Die du nicht scheuerst und fegst,
Hast du Pauken und Glockenspiel,
Die du nicht schlägst und klingen läßt,
Bis der Tod dich überrascht,
So macht ein anderer damit Musik.

Lackbäume ragen im Gebirge,
Kastanien unten im Tal.
Wenn du Wein hast und Speisen,
Dann greif' in die Saiten der Laute,
Sei heiter und fröhlich
Und bereite dir schöne Tage.
Sitzt du da, bis der Tod kommt,
So zieht ein anderer
Ein in dein Haus.

Hajo Antpöhler

Eine Erinnerung an Brügge

kurz vor Ostern
tun unentwegt
in den alten Kathedralen
katholische Bewohner
Kniefälle und atmen
dazu Weihrauch ein,

sie lassen einen
gar nicht durch,
wenn man als Un-
gläubiger die Madonna
aus weißem Marmor
sehen will, dabei ist sie
in ihren Kirchen und Museen
die einzige zärtliche Frau,
überall wird geköpft
und gefoltert, schicke
junge Mädchen
lassen sich eine Lupe reichen,
um genauer zu sehen,
wie das Blut
aus dem kopf-
losen Körper Johannes'
fließt,
      hierher reist man
wegen der Meister
der flämischen Schule,

im Sint-Jans-Spital
hat Memling
gelegen,
auf einem alten Bild

der Saal mit den Kranken,
in hölzerne Kisten,
die Betten, gesperrt, und
gotischen Bogen,
ich hätt da nicht
liegen mögen (ich möchte
in keinem Krankenhaus liegen),
armer Memling,

die Wirtin hat erzählt,
wie die Leute hier
junge überzählige
Katzen einfach
in die Kanäle werfen,

alles ist braun und schwarz
verfault hier
kurz vor Ostern,
sitz ich im Wind
vorm Marktplatzcafé
und mag keine Kniefälle
und seh am Belfried hoch,
er hat ganz oben
helle Steine, sie sind
fast weiß
vorm blauen Himmel,
wenn die Wolken aufreißen
im mächtigen Wind,
der, vom Meer, über
diese flache Gegend
weht,
    ich reise ab,
solln sie ihren Weihrauch
in ihrer gotischen Fäulnis
allein inhalieren.

Hajo Antpöhler

Tragt endlich die Speisen auf,
die es nicht gibt,
und entkorkt die Wunder!
Günter Eich

An den Gasthöfen
in Platjenwerbe und Wollah,
vier an der Zahl
und alle mit Sommergarten,
fahrn wir im Hochsommer
achtlos vorbei,
weil wir weiterwollen,
aber Ende August
oder gar im September,
wenn wir nach dem Mittag
erst loskommen
und wenig Zeit
mehr haben,
weil es früh dunkelt,
dann möchten wir in jedem
Garten ein Stündchen
sitzen
      und essen
            und trinken
und reden,
natürlich, bis wir
alle vier durch sind –
und dann noch
vor Einbruch der Dunkelheit
nach Hause:

das ist ein Kunststück, das
geht gar nicht,
leider, aber haben wir
die Dunkelheit bestellt?
wir sagen: so
kann es bleiben,
bis Weihnachten,
    und dann
noch besser werden,
und der Ober
wird schon nervös:
Bitte sechsmal, was es noch nicht gibt,
und ein großes Wunder –
was sagen Sie: es wird dunkel?
Wir beantragen
die Illumination
aller Nächte
mit echtem
Sonnenschein,
wir wollen
noch bleiben.

Hajo Antpöhler

Gründonnerstag achtzehn Uhr dreißig,
Museen und Läden zu, Freunde
nehmen den Hörer nicht ab.
Um Bahnhof und Dom krakeelt,
Reserve hat Ruh noch, besoffne
Bundeswehr und im Dom
Kreuzweg mit dem Herrn
Kardinal zur Weihung der Heiligen
Öle. Ab in den Balkangrill,
Pusztaplatte und Plavac.
Ein Pärchen am Tisch nebenan,
hübsch sieht sie aus und er wie Strauß,
Marlies heißt sie, Edelgard sagt er,
Inserate verwechselnd, Zeiten,
Zahlmeister tröstet Kriegerwitwe.
Ab ins Hotelbett. Für die Armee
wird jetzt wieder, den Frieden
zu sichern, geworben. In Sankt Alban,
ohne Dach ohne Fenster, knien
von fünfundvierzig her
zwei alte Leute, man hätt sie
festgenommen, doch sind sie
glücklicherweise nur Kunst.
Ab ins

Klaus Thies

Ebene weit und breit ein e nach dem andern
und darüber ein Ball weiß wie Milch

Sonne, im Abstieg begriffen

Kühe, das Alltägliche wiederholend

Schwarz auf
Weiß

Die Werften Vulkan und Weser

„Zwei kleine Italiener"

(Palermo und Wolfsburg im Kopf)

und
VW

Karl-Heinz Witte

Erleichtert

Aus den Fenstern des Supermarktes
   glotzt mir einer entgegen
ich sehe ihn
   wie er eilig Schritt zu halten versucht
aber an der Ecke gibt er es auf

Erleichtert
   setze ich meinen Weg fort

Karl-Heinz Witte

snap-shot

Das Rot der Ampel
   das mich abrupt
zum Stehen bringt

das Umspringen der Lichter
   das mich wieder
in Gang setzt

und mir erneut zeigt
   wos langgeht

Gustav Sichelschmidt

Im Hafen

Die Schiffe tuckern die Weser hinauf,
randvoll mit Frühling beladen.
Im Hafen salutiert ihnen der erstbeste Kran
mit ausgestrecktem Arm.

Er gibt den Frühling
seinen väterlichen Segen
und verteilt ihn dann säuberlich
über die ganze Stadt.

Morgen werden sich im Bürgerpark
die ersten Krokusse
verwundert die Augen reiben.

Johann-Günther König

Im Watt

Die Ebbe auf deinen Lippen;
Wattenmeer mit Prielen.
Der Schlick ist heilsam
für meinen trockenen Mund.

Freundin, und wenn die Flut
die letzten, zögernden Spuren verwischt,
dann schwimmen unsere Zungen,
Seeschollen, ins Meer.

Johann-Günther König

Leuchtfeuer

Hoffnung schwimmt mit Fischerbooten,
wirft ihre Netze in das Meer;
der Hafen irgendwo –
vielleicht auf deiner Nase,
vielleicht auf deiner Brust.
Bevor das Leuchtfeuer lischt,
werde ich einlaufen.

Johann-Günther König

Am Morgen

Freundin, schau:
meine Augen sind ein Meer,
so blau;
deine Netzhaut fischt
eine Silbermöve aus der Gischt.

Helmut Lamprecht

Kein Schiff kann kommen

Das Watt bleibt reglos. Die Priele
füllen sich nicht. Statt Wasser
steigt fröstelnd
die Angst.

Warten auf Flut. Trockene Augen
die der Salzwind. Spät
spottet der Mond groß
und rot vom
Festland herüber.

Die Flut bleibt aus.
Was kommt, ist Entsetzen. Ratlos
schreien die Möven.

Helmut Lamprecht

Der Sommer ist hin, und ich habe
dir keine Schwalbe geschenkt, von diesen
blitzschnellen Fliegerinnen keine, die so
messerscharf das Juliblau ritzten, plötzliche
Hecken kurvend überschwatzten, keine von diesen
schnäbelnden Nestbauerinnen, die nun
mit ihrer Brut, um uns zu täuschen, nach
Norden entfliehen, keine
von ihnen habe ich dir
diesen Sommer geschenkt. Hier, nimm
die schwarzblaue Feder und laß
uns denken, das Schönste sei
im Flug
schon gemeistert.

Helmut Lamprecht

Der Diener Lampe

Wer vergessen will, gesteht sich schon das Scheitern.
Wollen zwingt zu ständigem Gedenken.
Es hilft nicht, Bilder von der Wand zu nehmen
um leeren Stellen Augenmerk zu schenken.

Was da verschwunden ist, ist gegenwärtig.
Erbarmungsloser als es je gewesen.
Was du vergessen willst, das mußt du immer
und immer wieder ganz von vorne lesen.

Als Kant den Diener L. vergessen wollte
schrieb er's auf ein Papier und schlug es an die Wand.
So war es vor ihm. Dauernd. Keiner weiß
was er, am Ende, für den Verstoßenen empfand.

Inge Backhaus

Bild von oben
(nach einem Satz von Franz Tumler)

Wie Strandufer sind die Straßen:
Eine blitzende Gischt
Rauscht über Stein.

Wo Sand denkbar wäre
Sind Menschen
Eingestreut und vereinzelt,
Dünn
Dringen Stimmen
Nach oben.

Antje Diewerge

Bretagne

Hier fängt der Wind
deine Haare
streicht dir
mit warmen Händen
über die kühle Stirn
schmückt deine Augen
mit goldenen Schleiern
die dich
für einen Atemzug
vergessen lassen
daß hinter ihnen
der graue Alltag
in seinem Versteck
auf Windstille wartet

Alban Nikolai Herbst

Paris 1 – 3

1

Montagsfrühscham schon
aber auch zuvor was
deutsch
mir meine Sprache ungefügig macht
„Ah! Tous les allemands dans les rues!"
und dann wieder
Blüten
umschmiegen der Gosse Dreckbach
Gesichter die
tauchen ihr Zerrissnes hinein
etwas kleintot Zerquetschtes
das
es war ein Vogel ehemals
neben den Ständen liegt

2

Bedenkt die Lichter
des affiches des femmes
endlos
Plakate beinlang
eine Untote, die
erlebt ihren zweiten Frühling
regennaß und
sich verschrumpelte Verse ertrotzen
die wie zerbrochenes Porzellan
zwischen parkenden Wagen liegen

Umarme mich also
weiblicher Vampyr
denn dich liebe ich
kaum noch verschwiegen und
mit Rotglanz in den Pupillen

weil:
    das Telefon in meinem Kopf
    es hält mit dem Klingeln nicht ein
    ein Schrillen daß
    mir das Ohrläppchen blutet
    und manchmal nur ziehe
    ich den Hörer aus der Muschel
    die wund ist vom Gezähn deiner Antwort

    „Ja!", rufe ich, „ja!"
    und der Schrei fällt vom Balkon
    des Hotels in Clichy
    bei nebligem Fenster
    erreichte Watte den Boden

3

Und die Nacht die
greist in erzwungenen Formen
ringe ab ich mich
sie
mit dem Blutmund
verjüngend

O die Hure dort schaut
ihre pelzigen Beine
jambes de rêves
Traumbeine Beinträume
Koboldfingrige Nacht
trinkt
sie trinkt
eine cremige Schweißtropfenlust

Alban Nikolai Herbst

Braunschweig

Stadt der Bäume, des spindeldürren Geästs,
bedeckt von Laub ist die Zeit
in einem herbstlichen Dornengestrüpp
steckengeblieben.

Der Moderduft warmer Erde
steigt in den Benzingeruch.
Zwei alte Leute wie ein Paar
ausgetretener Schuhe.

Es ist möglich, den
eigenen Herzschlag zu hören,
der bröckelt im Beton
gemütlich vor sich hin.

In einem Park, der das Meer ist,
und die Stadt ist die Insel,
treibt der kleine schmutzige Fluß
Lichtblüten.

Gotthard Kuppel

Dorfleben 4
– Die Schlacht heißt la matanza,
sagt das Lexikon

La matanza
Töten, Schlachten, Gemetzel
1234 Spanier
Eroberer
mit Schiffen und Feuerwaffen
gegen 12345 Guanches
Ureinwohner
mit Steinen und Recht

David besiegte Goliath
nur einmal
Der Ort heißt heute noch
wie es war:
La Matanza

Mit den Fingern zu essen gab es
als erstes gebratenes Blut
durch den Hinterhof sah man als letztes
zum Trinken ein Bächlein rot

La matanza
Schlachtfest, Schweineschlachten, Schweinegesalzenes
Drei Canarios
Metzger
mit Schlegeln und Messern
gegen ein Schwein
Ureinwohner
mit Furcht und fettem Gewicht

David besiegte Goliath
nur einmal
Das Schlachtfest heißt heute noch
wie es ist:
la matanza

Mit den Fingern zu essen gibt es
als erstes gebratenes Blut
durch den Hinterhof siehst du als letztes
zum Trinken ein Bächlein rot

Hanns Menninger
Nicht geschützt

Abgeschirmt
in Stahl
Glas, kugelsicher
& Beton, gesichert
von Radar
Elektronengürteln
durchs Unsichtbare
Städte
Dörfer
essbare & nicht essbare
Landschaften
Niemandsländer
sichtbar Verhaue
aus Wachtürmen
stacheldrahtigen
Abkehrungen, Wälle
gegen
das nicht Ausgesprochene
(was nicht ausgesprochen wird,
noch kann, noch darf!)

In allem Systematischen
das wir um uns errichtet
haben, sind wir als gleiche
verfangen
auch der Schrei ist gleich
laut
nach innen
wie vormals, als wir noch nicht
als so Verletzliche galten

Hanns Menninger

Am Ende dieser Straße

hab ich wieder das Gefühl
von Endgültigkeit

Mitten in der Fahrt, ohne Ankündigung
ist der Weg verstellt
zu Ende gedanklich:

Die Welt mit Brettern vernagelt
Die Erde ein Teller, wer über
den Rand stürzt, erzählten die Seefahrer
fällt ins Nichts
Niemehrwiedersehn & Nichtmehr-
gesehenwerden, ins Uneigentliche
zurück

Aber kein Ende & Aus
Endgültig ist nicht
Wie lange?
& was dann?
& wenn: Querfeldein!

Cristián Cortés

die stadt in der ich meine verbannung lebe

die stadt in der ich meine verbannung lebe
hat die farbe von schorf
und den geschmack von rauch und von regen
ich bat sie nicht um erlaubnis einzutreten
um in ihrem schoß zu wohnen
sondern ich bin nur einfach hereingekommen
packte meine erinnerungen meine toten und meine
                                                          fahnen aus
richtete mich ein über nacht
zog mich vorm fenster aus
als der winter fast ein ende hatte

die stadt in der ich meine verbannung lebe
begrüßte mich diskret mit höflicher abscheu
als ich meine kleider an ihre balkone hing
um sie auszulüften
meine kleider die nach blutpfützen rochen
mit ihren fieber-puls-flammen und gräbern
die nie eine beerdigung hatten

die stadt in der ich meine verbannung lebe
hat industrie kaum hörbar
und selbst wenn sie kokett nach handel strebt
zieht sie es vor räuspernd
die fremden zu ignorieren
mit einer versteinerten angst berührt zu werden

sie ist sehr alt die stadt
in der ich meine verbannung lebe
und mit der zeit wuchsen ihr masken

von allen seiten
nur manchmal bläst ihr
der wind die röcke hoch
und der regen verwässert ihr die schminke
dann stößt sie nach und nach
leise seufzer aus
wird wütend zittert und ist bekümmert
und dann errät man
ihre obszönen morde ihre durchschossenen mauern
aber auch ihre jahrhundert-alten träume
wie flüchtig verratene vorhersagen

so kommt es daß der nebel
langsam langsam ihre straßen durchzieht
und eine vergessene nostalgie
sich auf ihre brücken stellt
um den fluß der ihre mauern wäscht
fließen zu sehen
und wenn die nacht anfängt zu drängen
hier schon sehr früh anfängt
dann bewohnt niemand mehr
ihre plätze ihre anlagen und nichtmal ihre straßen
mit der ausnahme vielleicht von diesem oder jenem
fremden ausländer wie du
mit dem du wieder und wieder zu sprechen versuchst
mit den händen mit den augen
mit den füßen

aber es kommt auch vor daß
die stadt in der ich meine verbannung lebe
aufsteht gut-gelaunt und ohne daß du es bemerkst
schüttelt sie dich wach am morgen
mit einer leichten umarmung von wärmender sonne
zwischen den laken deines verbannten bettes

und begrüßt dich mit einem fast fröhlichen lachen
das du auch bei den leuten auf der straße vermutest
und du lächelst auch und sagst schönen guten morgen
pfeifst ein lied zwischen den lippen
ein lied aus deinem land
gibst dem ersten der dich darum bittet eine zigarette
zündest sie an und sagst ein schöner tag heute was
und dann schmerzt das exil weniger
weil die stadt auf einmal
wie ein stück deiner eigenen stadt ist
und ich flechte in dieser weise
mit der stadt in der ich meine verbannung lebe
die fäden einer sanften bindung
die sie und mich und uns verbindet
mein land und mein ausland
mit einer bleibenden umarmung

Cristián Cortés

bremen beim tagesanbruch

und was ist das für ein ort
ewig die langen gesichter
wieviel feuer hat hier gebrannt
wieviele träume sind mit zement erstickt
wieviele tote werden hier in den winkeln verschwiegen

komm du stadt
los komm mit mir in diesem frühlicht
laß uns gemeinsam
jede deiner türen öffnen
laß uns feiern arm in arm in deinen straßen
gib endlich dein sattes schweigen auf
laß die vögel auf der suche nach kindern herein
und verläng' dich in meinen armen
stadt
entspringe deiner verkrampften grübelei
und unsere schenkel sollen sich beim gehen berühren
jetzt wo ein neuer tag beginnt
jetzt da
du und ich wieder geboren werden

Ulla Hahn

Schöne Landschaft

Mitunter tut sich der Himmel auf
zeigt sein Geheimnis im Spiegel der Erde
Zeigt uns was wir noch übrigließen
von der Erde die einmal sein Ebenbild war.

Ulla Hahn

Im Museum

Am Hals würgt mich der Schmuck
aus den Vitrinen
zieht mir die Bronzehand
den Knochenkamm durchs Haar
Ein Gürtel der einst
teilte einen Leib der
sich im Tanze bog in Liebe krümmte
schnürt mir die Rippen ein
Nach meiner Hand
greift da ein Krug spricht
Trink gib du dein Leben
der die aus mir trank sie
wartet schon auf dich.

Ulla Hahn

Nicht die Liebenden

Nicht die Liebenden fliegen im Wind. Sie hängen
einer des anderen Klotz am Bein paar
weises Beschweren des luftigen Ich. So
wachsen sie zwischen Himmel und Erde
geraten sie aus dem Gleichgewicht. Taumeln.
Fallen über die eigenen Füße in
Wälder und Wiesen ein
über das andere her.
Krallen sich zeugend fest
an der Welt.

Aber die Einsamen: Unerreichbar allen
Sorten von Chloroform
hängen sie in der Luft
wurzeln im Raum wirbeln
im freien Fall um sich selbst
sich selbst verdoppelnd. So
bleibt ihnen die Erde leicht
verweht sie der Wind
von ihrer Stätte nie und immer
am Ziel.

Gerald Sammet

Brema Domestica

nicht nur die Tauben leben immer dort oben,
und auf die Gestalt des Dachdeckers
ist ein Siegel aufgeschlagen, gnädiges Blei

was wir sind, liegt stolz und unversehrt;
der Meißel, der uns formt, und die Schicht Oxyd,
die Schlangenhaut, die nicht trägt

was machts, die Wasserspeier am Dach
sind von unten auch nicht zu sehn
in solcher Fremde, droben im Blau

schlägt das Herz unendlich langsam und alt

Klugheit, wo gibt es das schon
: ein chinesischer Drache mit trauernden Augen
auf den Stufen zu einem abendländischen Dom

Gerald Sammet

Wiedersehen in Falun

„*Heinrich von Kleist und Adam Müller berichten im Jahr
1808 von dem versteinerten Bergmann im schwedischen
Falun,
der fünfzig Jahre nach seinem Tod unverändert im Aussehen noch einmal vor die Augen seiner inzwischen zur
Greisin gewordenen Geliebten gerät.*"

dies geschieht einmal am Tag im Jahr 1719
: einer versinkt im Höllenschlund, unerrettet,
und ein Gedanke über dem Labyrinth erlischt
vor dem Gebäude aus Erz und ziehendem Rauch

ein einziges Mal wird die Erinnerung übergangen,
verschlossen im Stein, zermahlen zur Schlacke,
die sich unaufhörlich auf ihre Bergwerke senkt

was noch bleibt, ist das eine Gesicht
im Vitriol, der abgegoltene Leib des Menschen,
der seiner Zeit entging, auf alle Zeit

in dem Sturz: ein altes Weib an einem Grab,
Fluch der letzten Begegnung
und die eine Liebe, die unerreichbar
bleibt wie der Tod

Nachbemerkungen

Das Spektrum ist groß, doch erwarte niemand, daß sich im vorliegenden Lyrik-Lesebuch „Triebe" immer auf „Liebe" reimen. Hier geht es keineswegs nur gemütlich und friedfertig zu. Es ist auch keine heiter besinnliche Ortsbestimmung à la „Dir Bremen, Dir reim' ich ein's", wie der erste unbefangene Blick auf den Titel glauben machen könnte. Ein Titel im übrigen, den wir einem Gedichtanfang Cristián Cortés zu verdanken haben. Wenn es denn aber zu einer Ortsbestimmung, einer Lokalisierung herangezogen werden sollte –, schließlich sind es ja in Bremen lebende Autorinnen und Autoren, die vorgestellt werden –, dann kann es eher etwas über den Standort des einzelnen Autors aussagen. Über den Ort seiner Hoffnungen und Träume, den Ort seiner Ängste, ja auch über den Wohnort oder einen Fluchtpunkt. Darüber hinaus wird eine Zustandsbestimmung der Gesellschaft gewagt, eine Auseinandersetzung mit existenziellen Problemen.

Spiegelbildlich wie in unserem sozialen Alltag finden sich diese Strömungen und Entwicklungen wieder. So steht das spielerisch leichte Gedicht neben dem engagierten, neben dem Gedicht, das Mut machen will; aber ein nicht geringer Teil birgt, in den Zeilen ablesbar, den Rückzug ins Private. Die drei Kapitel des Buches versuchen das in etwa leitmotivisch aufzufangen – das allgemeine Unbehagen, die vage Unbestimmtheit jedenfalls auch hier in den Gedichten. Doch auch eine neue Sensibilität, die sich in der Sprache manifestiert. Selbst wenn die Auseinandersetzung über die Orientierungslosigkeit gelegentlich eigene Desorientierung verrät, sichtbar werden der schmerzhafte Prozeß der Selbstfindung, Resignation, Wut, Tränen über erfahrene Verletzungen zwischen den Zeilen.

Ein Zustand übrigens, der keineswegs nur Bremen-typisch ist. Seit fast einem Jahrzehnt erscheinen in bundesdeutschen Publikationen Gedichte unter dem Etikett „Neue Innerlichkeit" oder „Neue Subjektivität". In den „kleinen Dingen" (wie es R.D. Brinkmann bezeichnete) aus der persönlichen Erfahrung sollte Welt, Leben, Gesellschaft in wenigen Zeilen verdichtet wiedergegeben werden. Als Versuch, leichter Überprüfbares gegenüber all den öffentlichen Verlautbarungen zu sagen.

Nach dem Zusammenbruch des Deutschen Reiches, der Auflösung der Naziherrschaft, wurde in der Literatur ebenfalls nur unvollständig der Neubeginn eingeläutet. Die Aufarbeitung der Schuldfrage, das Anknüpfen an traditionelle Werte geschah halbherzig. Allgemeine Lebensäußerung war das Vergessen. Einzig bei den Schriftstellern, die der Gruppe 47 zugerechnet werden konnten, war auch inhaltlich und sprachlich eine Neuorientierung auszumachen. Die Gedichte von Grass, Enzensberger und Eich zum Beispiel waren mit Mitteln der Groteske, des schwarzen Humors eingefärbt. „Med ana schwoarzzn Dintn", wie es der Wiener Artmann zur selben Zeit in einem Titel formulierte. „Keine Gedichte mehr nach Auschwitz", erklärte Adorno und trug Verunsicherung in die Reihen. Der einsetzende wirtschaftliche Aufschwung in der Bundesrepublik verkleisterte die kritische literarische Auseinandersetzung. Der Bundeskanzler Erhard konnte es sich leisten, engagierte Künstler und Schriftsteller als „Pinscher" zu diffamieren.

Erst mit den Studentenunruhen in den Sechziger Jahren kam wieder ein frischer Wind, eine Aufbruchstimmung in die Literatur. Bissige engagierte Lyrik in Form des Epigramms bis hin zum Agit-Prop-Gedicht entstanden. Seismographisch fanden die gesellschaftlichen Problemstellungen, auch die ungelösten, ihren Niederschlag in der Literatur. Nach dem Scheitern der gesellschaftlichen Umwälzungsversuche verließen viele Autoren, sicher auch mit Enttäuschung, die gesellschaftspolitische Bühne. Begleitet von Enzensbergers Todeserklärung der Literatur, wandten sie sich ihrer eigenen Befindlichkeit zu. Waren Gedichte immer schon höchst subjektiv, nun erst recht.

Keineswegs wollen wir uns mit diesem groben Holzschnitt der letzten Jahrzehnte auf das Glatteis der Diskussion „Was ist ein Gedicht?" begeben. Heute mehr denn je ist es schwierig, eine allgemeingültige Definition darüber abzuliefern. Der Begriff Lyrik, der in der Antike und lange danach nur einen Teil dessen bezeichnete, was wir seit etwa einem Jahrhundert darunter verstehen, umfaßt heute alle gängigen Spielarten wie Reime, Epigramme, Sprüche, Lieder, Sonette, Balladen usw. Es greifen längst jene Kriterien nicht mehr, die Goethe noch anwandte, indem er das Wesen der Lyrik als „enthusiastisch aufgeregte Dichtweise" umschrieb. Einseitige Festlegungen aus der Form, obwohl gelegentlich noch rein verwandt, sind nicht mehr angebracht, die Grenzen sind längst schwimmend. Zu erwarten ist jedoch eine Übereinstimmung von Form und Inhalt. Die vom Autor gewählte Sprache und Form sollte die gewollte Aussage übermitteln können, sollte standhalten, die „Botschaft" nachvollziehbar werden. Oder wie es G. Benn aussagte: „Ein Gedicht ist das Gegenteil von Beliebigkeit".

In Bremen zehrt man in vielen Bereichen, so auch in der Literatur, von seiner Vergangenheit. Eine Reihe wohlklingender Namen wäre zu nennen. In Zeiten „gesunden Handel und Wandels" fielen für die Künstler manche mäzenatische Brosamen vom Tisch. Auch die Böttcherstraße konnte so entstehen. Heute jedenfalls, in Zeiten wirtschaftlicher Rezession oder des Stillstands (wer wagt das noch zu beurteilen), scheint Kultur wieder einmal verzichtbar. Übrig blieb eine künstlerische Provinzialität, die von Institutionen und öffentlichen Einrichtungen meist noch zementiert wird. Daran ändert zum Beispiel auch der in der Bundesrepublik renommierte Literaturpreis der Rudolf-Alexander-Schröder-Stiftung nichts. Jede Kunst aber braucht zu ihrer Entfaltung die Öffentlichkeit. Gedichte brauchen Leser (oder Hörer) als Widerpart.

Uns schien es das Wagnis wert, ein Kaleidoskop mit Gedichten von 50 Autorinnen und Autoren aus „Bremen und umzu" aufzufächern. Solch eine Zusammenstellung kann dabei weniger auf Vollständigkeit oder Objektivierbarkeit abheben. Vielleicht gelingt es uns, eine literarische Auseinandersetzung in dieser stillen Region zu entfachen, mit einem Lyrik-Lesebuch, das öfter in die Hand genommen werden will, das Spaß bringen will, aber auch zum Widerspruch anstacheln soll. Zu danken ist dem Brockkamp Verlag, der sich bereit fand, es in sein Programm aufzunehmen, und der damit einmal mehr versucht, selbst bei verlegerischem Risiko Literatur im Raume Bremen auch in unpopulären Fahrwassern zu befördern.

Die Herausgeber
Bremen, im Mai 1984

Autorenverzeichnis

Renate Ahling
geb. 1944 in Landsberg/Warthe, Sekretärin, lebt in Bremen

Barbara Alms
geb. 1945 in Osterburg, Schriftstellerin, lebt in Bremen

Hajo Antpöhler
geb. 1930 in Bremen, Lehrer, lebt in Bremen

Michael Augustin
geb. 1953 in Lübeck, Hörfunkredakteur, lebt in Bremen

Inge Backhaus
geb. 1950 in Bremen, Sozialarbeiterin, lebt in Bremen

Elisabeth Bartling
geb. 1940 in Hemer, Sozialarbeiterin, lebt in Bremen und Paris

Henning Behme
geb. 1951 in Braunschweig, lebt in Bremen

Hubert Brill
geb. 1931 in Kostuchna/Slaskie, Schriftsteller, lebt in Bremen

Inge Buck
geb. 1936 in Tübingen, Hochschullehrerin, Schriftstellerin, lebt in Bremen

Cristián Cortés
geb. 1957 in Valparaiso/Chile, Schriftsteller, lebt in Bremen

Antje Diewerge
geb. 1953, Grafikerin, lebt in Bremen

Ruth Maria Giese
geb. 1917 auf dem Rittergut Vogelgesang/Kreis Torgau, Gymnasiallehrerin i.R., lebt in Hagen bei Bremen

Will Gmehling
geb. 1957 in Bremen, Schriftsteller, lebt in Paris

Jutta-Irene Grotefend
geb. 1954 in Bremen, Publizistin, Schriftstellerin, lebt in Bremen

Annette Grüschow
geb. 1963 in Marktbreit/Würzburg, Studentin, lebt in Bremen

Josef Guter
geb. 1929 in Vöhringen/Iller, Volkshochschulleiter, lebt in Bremen

Ursel Habermann
geb. 1939 in Bremen, Lehrerin, Schriftstellerin, lebt in Bremen

Ulla Hahn
geb. 1946 in Brachthausen, Schriftstellerin, Literaturredakteurin beim Rundfunk, lebt in Bremen

Elfi Hartenstein
geb. 1946 in Bayern, Studienrätin, Schriftstellerin, lebt in Bremen

Sabine Henkel
geb. 1964 in Bremen, Studentin, lebt in Bremen

Alban Nikolai Herbst
geb. 1955 in Refrath, Schriftsteller, lebt in Frankfurt und Bremen

Helmut Hornig
geb. 1948 in Bernkastel-Kues/Mosel, Schriftsteller und Publizist, lebt in Achim bei Bremen

Peter K. Kirchhof
(siehe Die Herausgeber)

Ulrike Kleinert
geb. 1955 in Delmenhorst, Sozialpädagogin, lebt in Bremen

Johann-Günther König
geb. 1952 in Bremen, Schriftsteller, Doktorand, lebt in Bremen

Rüdiger Kremer
geb. 1942 in Schwerte/Ruhr, Publizist, Schriftsteller, lebt in Otterndorf/Niederelbe und Bremen

Hans Kruppa
geb. 1952 in Marl/Westfalen, Schriftsteller, lebt in Bremen

Gotthard Kuppel
geb. 1946 in Bremen, Arzt, Schauspieler, Clown, lebt in Bremen

Helmut Lamprecht
geb. 1925 in Ivenrode bei Magdeburg, Hauptabteilungsleiter beim Rundfunk, Schriftsteller, Herausgeber, lebt in Bremen

Otmar Leist
geb. 1921 in Bremen, Schriftsteller, lebt in Bremen

Isolde Loock
geb. 1943 in Görlitz, Lehrerin, lebt in Bremen

Hartmut Lück
geb. 1939 in Posen, Musikkritiker, Schriftsteller, lebt in Bremen

Siegfried Marquardt
geb. 1940 in Stuttgart, Krankenhausseelsorger, lebt in Bremen

Gerd Maximović
geb. 1944 in Langenau/CSSR, Lehrer, lebt in Bremen

Hanns Menninger
geb. 1937 in Bielefeld, Redakteur, Schriftsteller, Maler, lebt in Bremen

Detlef Michelers
geb. 1942 in Berlin, Schriftsteller, lebt in Berlin und Bremen

Ingo Mose
geb. 1957 in Bremen, Doktorand, Schriftsteller, lebt in Bremen

Angela Müller-Hennig
geb. 1953 in Berlin, Musikerin, Schriftstellerin, lebt in Bremen

Gerhard Ochs
geb. 1944 in Karlsruhe-Ettlingen, Privatlehrer, Schriftsteller, lebt in Bremen

Reinhard Patemann
geb. 1935 in Bremen, Historiker, Archivar, lebt in Bremen

Michael Pohl
geb. 1954 in Walsrode, Diplom-Sozialpädagoge, lebt in Bremen

Konstanze Radziwill
geb. 1947 in Dangast, Schriftstellerin, lebt in Bremen

Gerald Sammet
geb. 1949 in Rehau, Schriftsteller, lebt in Rehau und Bremen

Renate Schoof
geb. 1950 in Bremen, Malerin, Schriftstellerin, lebt in Bremen

Gustav Sichelschmidt
geb. 1913 in Remscheid, Oberbibliotheksrat a.D., lebt in Bremen

Johann P. Tammen
geb. 1944 in Hohenkirchen/Friesland, Literaturredakteur, Schriftsteller, lebt in Bremerhaven

Tonja Teutschebein
geb. 1944, Schriftstellerin, lebt in Tarmstedt bei Bremen

Klaus Thies
geb. 1950 in Wuppertal, Sozialarbeiter, lebt in Bremen

Fikre Tolossa
geb. 1949 in Dive Dawa/Äthiopien, Schriftsteller, lebt in Bremen

Karl-Heinz Witte
geb. 1957 in Bremen, Student, lebt in Langwedel bei Bremen

Die Herausgeber

Peter K. Kirchhof

geb. 1944 in Bremen. Erhielt 1978 den Literatur-Förderpreis der Stadt Düsseldorf und ein Literatur-Stipendium des Landes NRW. Diverse Ausstellungen im In- und Ausland. Veröffentlichungen in verschiedenen Publikationen sowie im Rundfunk. Lebt in Bremen als Schriftsteller, Maler und Grafiker. Seit 1980 Redakteur der Literaturzeitschrift „die horen".

Erich Traumann

geb. in Nordhausen/Harz. Journalistische Tätigkeit (Feuilleton) seit 1928 in Nordhausen, Weimar und Bremen. Langjähriges Mitglied der Deputation für Kunst und Wissenschaft in Bremen. Veröffentlichungen in der Schriftenreihe „Kunst am Bau" des Senators für Kunst und Wissenschaft, Bremen 1970. Lebt in Bremen und schreibt Theater- und Kunstkritiken für verschiedene Publikationen.

Quellenverzeichnis

Herausgeber und Verlag danken allen Autorinnen und Autoren für die Abdruckgenehmigungen. Es lag uns daran, Arbeiten der letzten Schaffensperiode vorzustellen, doch nicht alle Gedichte sind Erstdrucke. Im folgenden werden, soweit uns bekannt, Buchtitel und Verlage der Gedichte benannt, die schon eine Veröffentlichung erfahren haben.

Cristián Cortés, „Grenzen bewohnen", Verlag Atelier im Bauernhaus NRA 13 („die stadt in der ich meine verbannung lebe" und „bremen beim tagesanbruch"); Antje Diewerge, „Lyrische Bilder", Selbstverlag („Bretagne"); Ruth Maria Giese, „Lieber würde ich lächeln" („Im Gewebe der Zeit"); Will Gmehling, „In den Wörtern, im Schacht", Buchladen Bettina Wassmann GmbH („In den großen Markthallen der Worte"); Johann-Günther König, „Stellungswechsel", Verlag Atelier im Bauernhaus („Am Morgen", „Leuchtfeuer" und „Im Watt"); Rüdiger Kremer, „Donald Donald", Eremiten Presse („Ballade von der Bewegungslosigkeit"); Renate Schoof, „Zieh deinen Träumen Regenmäntel an", Brockkamp Verlag („Grenzen abschreiten..." und „Nachtgedanken..."); Tonja Teutschebein, „... wie ein Vogel hinter Gitterstäben", Bläschke Verlag („sprache").